3|99

Y LLYFR
Llythrennau
■ CAEL HWYL Â LLYTHRENNAU

IVAN BULLOCH

Testun gan Diane James
Ffotograffiaeth gan Toby Maudsley
Addasiad Cymraeg gan Cynthia Saunders Davies

CYNNWYS

IDREF WEN

Does dim angen cyfarpar arbennig arnoch i wneud llythrennau. Yn y llyfr hwn byddwch yn darganfod nifer o wahanol ffyrdd o wneud llythrennau.

Edrychwch yn ofalus ar siapiau llythrennau mewn papurau newyddion a chylchgronau a gwnewch gasgliad o'r llythrennau sydd orau gennych.

Byddwch yn gorfod defnyddio cyllell grefft ddiogelwch wrth dorri stensiliau, ond gofynnwch i oedolyn eich helpu bob amser.

paent

chwistrell
(i'w defnyddio
â stensiliau)

offer printio

dysgl baent

brws fflat

brws crwn

brws stensil

peniau tip-ffelt

papur lliw

sbwng

rwber

sgwaryn

pensiliau

pen italig

cyllell grefft ddiogelwch

pren mesur

Gellir gwneud holl lythrennau'r wyddor o siapiau megis cylchoedd, trionglau, sgwariau a phetryalau. Rhowch gynnig ar hyn trwy dorri siapiau o bapur lliw.

Gellir gwneud y rhan fwyaf o lythrennau trwy gyfuno gwahanol siapiau. Sawl amrywiad ar un llythyren allwch chi eu gwneud?

abcdef
ms
vir

Does dim rhaid i lythrennau fod yn berffaith, ag ymylon taclus a siâp crwn. Rhowch gynnig ar rwygo llythrennau allan o bapur lliw fel bod ganddynt ymyl arw. Torrwch neu rwygwch ddarnau bach o bapur lliw a'u defnyddio i addurno eich llythrennau. Pan fyddwch wedi casglu digon o lythrennau, gludiwch nhw ar ddarn o gardbord i wneud llun llythrennau.

Lluniwyd yr holl lythrennau hyn o bethau cyffredin — blociau adeiladu, rhaff, gwelltynnau, clipiau papur a chlai modelu. Edrychwch am bethau eraill i'w defnyddio. Arbrofwch â ffyrdd o wneud llythrennau fydd yn gorwedd yn fflat a rhai fydd yn sefyll yn syth.

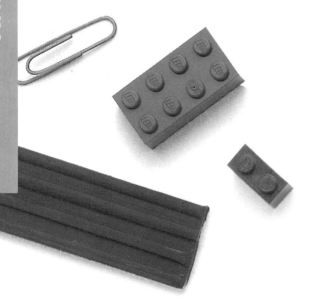

LEGO ® yw nod masnach cofrestredig INTERLEGO AG. Dangosir y cynhyrchion LEGO a ddefnyddiwyd â chaniatâd arbennig Grŵp LEGO.

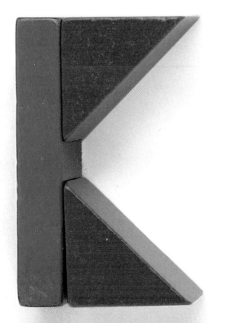

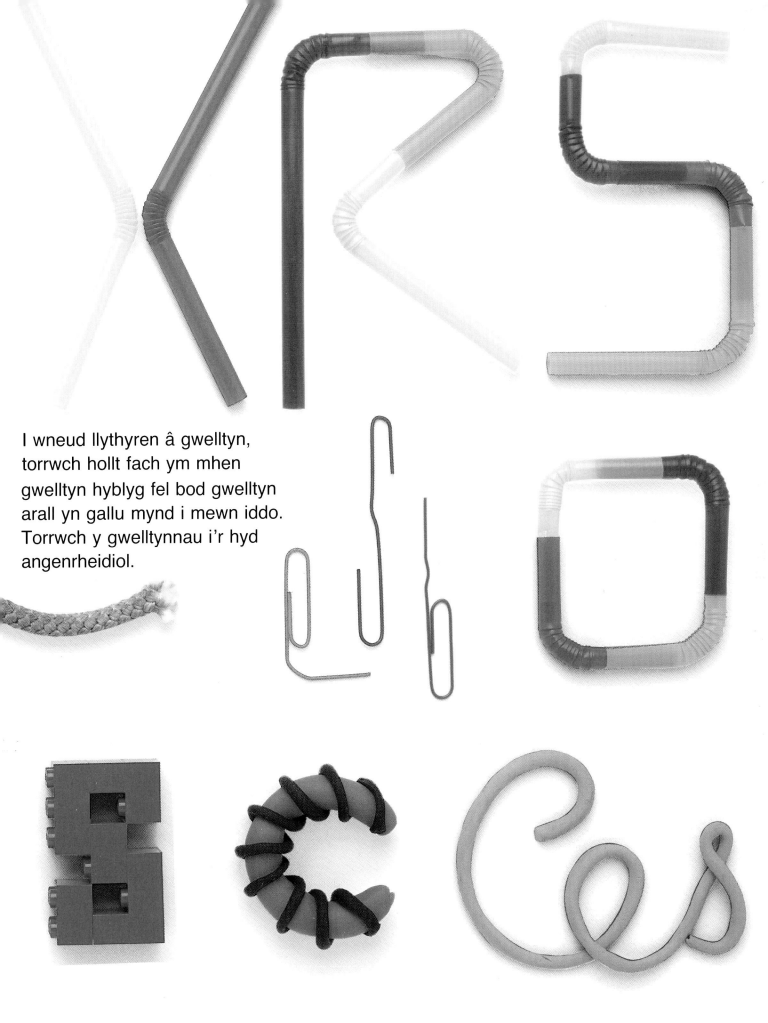

I wneud llythyren â gwelltyn, torrwch hollt fach ym mhen gwelltyn hyblyg fel bod gwelltyn arall yn gallu mynd i mewn iddo. Torrwch y gwelltynnau i'r hyd angenrheidiol.

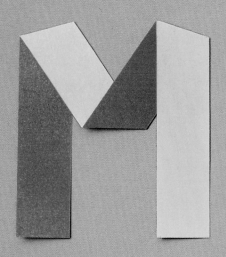

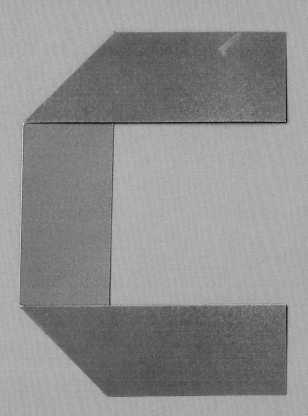

Lluniwyd y llythrennau hyn trwy blygu un stribed o bapur. Gallwch wneud stribedi deuliw fel y rhain trwy ludio dau stribed o bapur gefn wrth gefn.

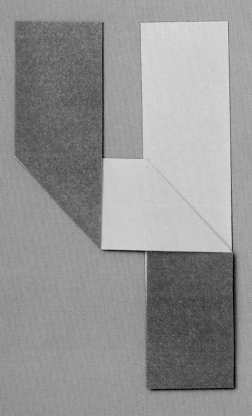

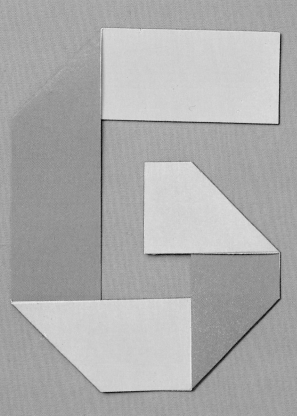

Beth am ddechrau â llythyren hawdd fel "T"? Plygwch ar hyd y llinellau o ddotiau. Yna rhowch gynnig ar lythrennau eraill.

Mae'r llythrennau hyn yn sefyll ar eu pennau eu hunain. Mae'r llythrennau cardbord a phren balsa yn slotio ynghyd; mae'r llythrennau pren wedi eu gludio. Er mwyn slotio'n dwt, rhaid i'r holltau fod yn union yr un hyd.

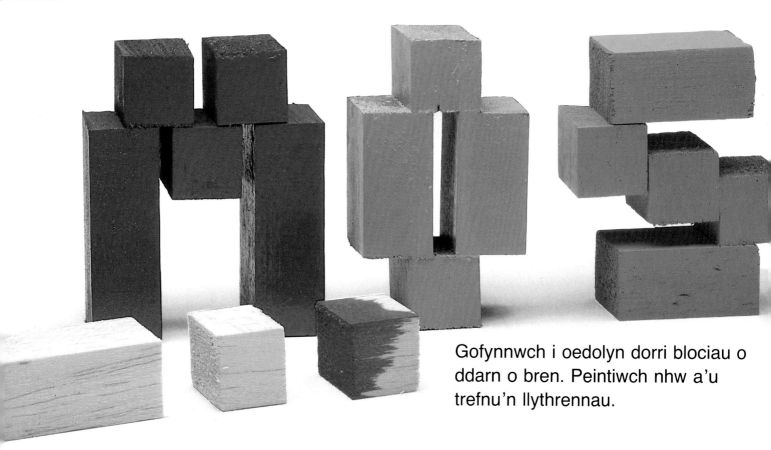

Gofynnwch i oedolyn dorri blociau o ddarn o bren. Peintiwch nhw a'u trefnu'n llythrennau.

Gwnewch gerflun papur, fel hwn, o lythrennau cyntaf eich enw.

Trwy ddefnyddio plygion a thoriadau, gwnewch lythrennau sy'n sefyll. Dechreuwch â'r "A" isod. Llinellau torri yw'r rhai solet a llinellau plygu yw'r rhai dotiau. Sgriffiwch ar hyd y llinellau dotiau â sgriffiwr — neu gefn siswrn — i'w gwneud yn haws i'w plygu.

Dull arall o wneud llythrennau sy'n sefyll yw rhoi tab hir o bapur wrth ben uchaf llythyren a thab byr wrth ei gwaelod, fel y "D" a'r "e" ar y dde. Plygwch ddarn o bapur yn ei hanner a gludiwch y tabiau wrtho.

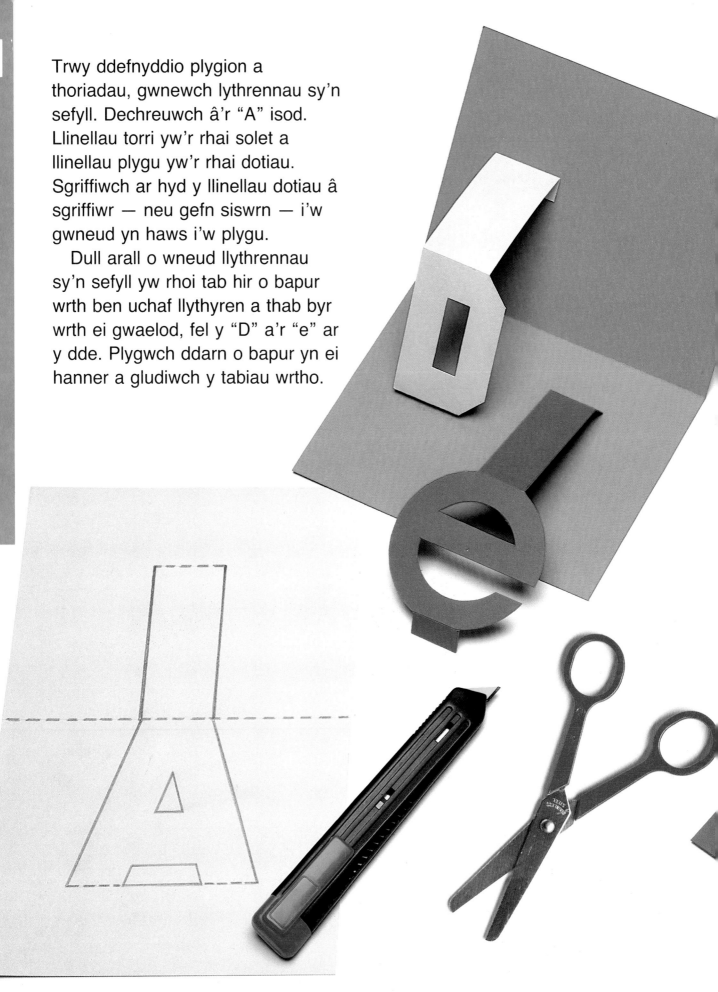

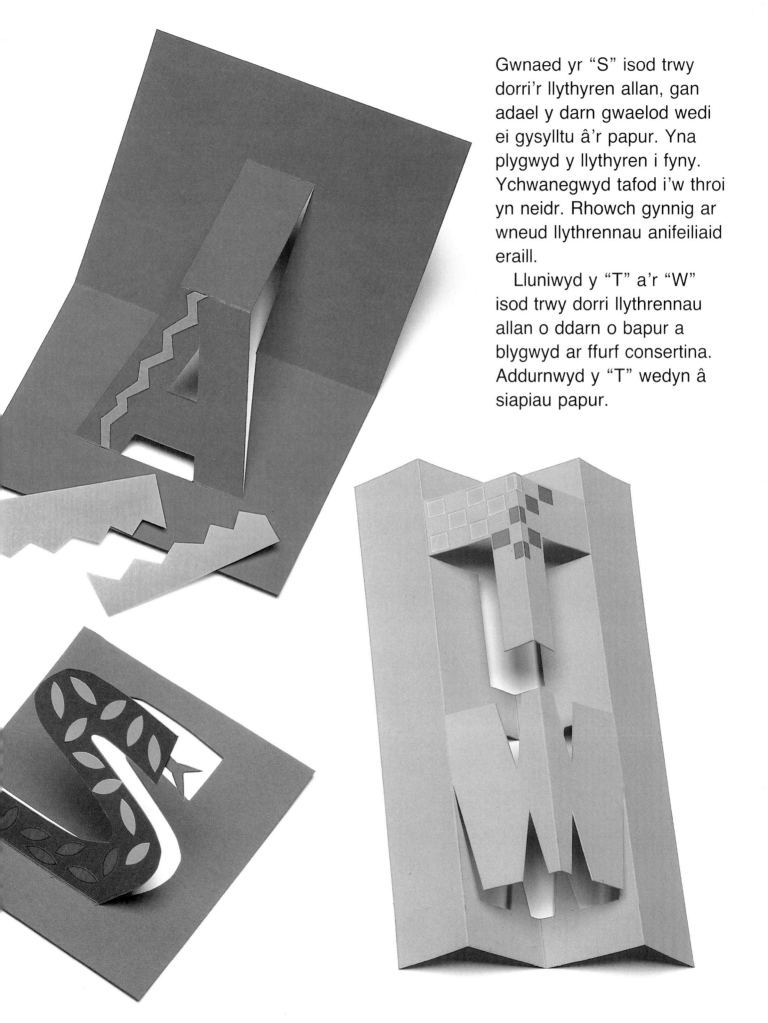

Gwnaed yr "S" isod trwy dorri'r llythyren allan, gan adael y darn gwaelod wedi ei gysylltu â'r papur. Yna plygwyd y llythyren i fyny. Ychwanegwyd tafod i'w throi yn neidr. Rhowch gynnig ar wneud llythrennau anifeiliaid eraill.

Lluniwyd y "T" a'r "W" isod trwy dorri llythrennau allan o ddarn o bapur a blygwyd ar ffurf consertina. Addurnwyd y "T" wedyn â siapiau papur.

I ddefnyddio llythrennau mwy nag unwaith mae printio a stensilio yn ddulliau da.

I wneud llythyren brint-taten, gofynnwch i oedolyn dorri taten yn ei hanner a thorri siâp llythyren ohoni. Bydd y llythyren yn sefyll allan a bydd modd ei defnyddio i brintio. Edrychwch am wrthrychau eraill, fel y rwber hwn, y gellir eu defnyddio ar gyfer printio. Siapiau syml sydd orau.

Hwyrach y bydd angen help arnoch i dorri stensiliau. Defnyddiwch gerdyn stensil parhaol y gellir ei ailddefnyddio'n aml. Cadwch y llythrennau a dorrir ohono, fel yr "E" ar ben y dudalen; gallwch dasgu paent drostynt trwy ysgwyd neu fflicio brws paent neu hen frws dannedd. Neu defnyddiwch chwistrell fel yr un sydd ar dudalen 2. Defnyddiwch dâp masgio i gadw'ch stensiliau yn eu lle. Gallai gwyddor gyfan o stensiliau fod yn ddefnyddiol i chi.

Mae gwneud patrymau â llythrennau yn ffordd dda o ymarfer y dechneg o brintio a stensilio, a gallwch wneud papur pacio deniadol yr un pryd.

Beth am brintio llythrennau wyneb i waered ac o chwith i wneud siapiau diddorol? Neu printiwch lythrennau ar ben llythrennau eraill i greu lliw gwahanol. Gwnaed y patrwm llythrennau ar y dde (gwaelod) trwy ddefnyddio llythrennau a dorrwyd o gylchgronau.

Dyma rai syniadau ar gyfer defnyddio llythrennau i addurno bagiau, cardiau, bathodynnau, amlenni a phapur ysgrifennu. Defnyddiwyd sawl dull gwahanol, megis printio, stensilio, torri llythrennau o bapur lliw, a gwneud llythrennau o siapiau papur. Gwnewch bapur ysgrifennu neu gardiau post gan ddefnyddio un o'r dulliau hyn ar gyfer eich enw. Beth am brintio'ch cyfeiriad hefyd?

Gwnewch bosteri a bagiau siopa. Ceisiwch ddod o hyd i fag siopa plaen, neu gwnewch un gan ddefnyddio bag sydd gennych eisoes fel patrwm. Addurnwch ef â llythrennau. Rhowch eich enw neu lythrennau cyntaf pob un o'ch enwau ar eich ffeiliau a'ch llyfrau nodiadau. Ar dudalen 28 ceir awgrymiadau ar sut i wneud lluniau o lythrennau.

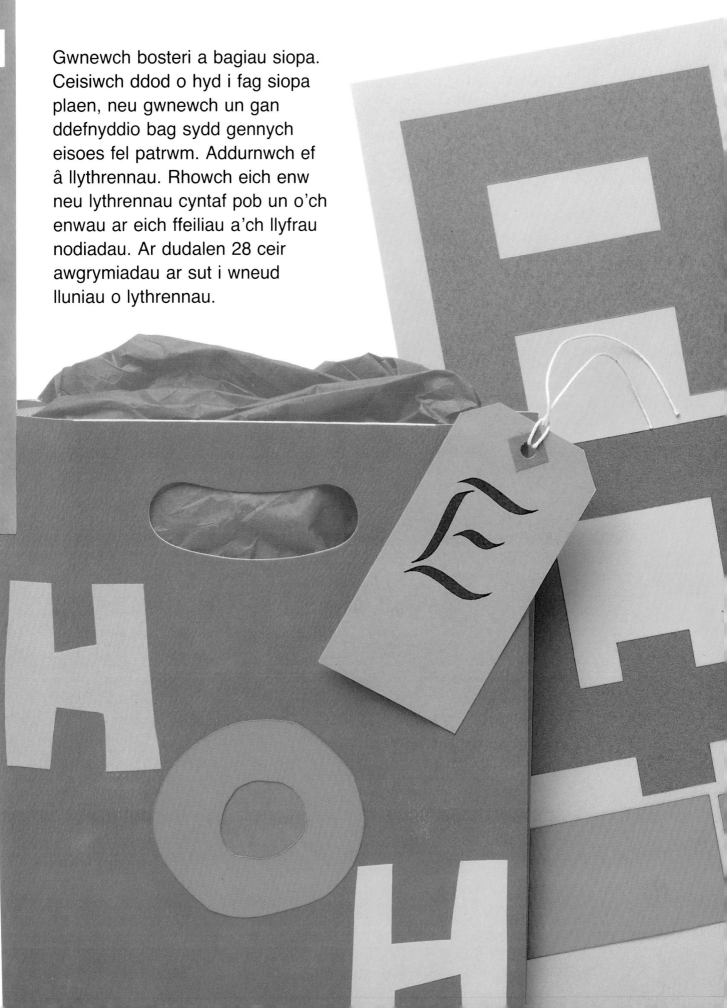

Gallwch wneud llythrennau o unrhyw beth bron — gan gynnwys bwyd! Edrychwch am losin lliwgar sydd â siapiau diddorol. Mae rhai losin a bisgedi ar ffurf llythrennau eisoes.

Gofynnwch i oedolyn wneud tipyn o eisin a'i roi mewn cwdyn eisio. Gwasgwch y cwdyn yn araf a gwnewch lythrennau ar ben bisgedi a chacenni.

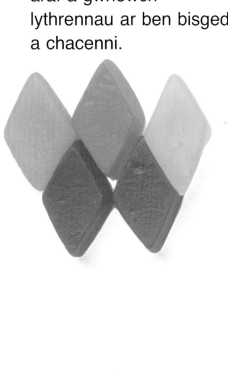

abcdefgh

Gwnaed yr holl lythrennau hyn â phen italig neu frws â phen fflat. Ewch ati i ymarfer trwy wneud strociau syml â phen italig i ddechrau. Cadwch y nib ar ongl o 45° fel ei fod yn gwneud llinellau tew a thenau. Pan fyddwch yn dechrau gwneud llythrennau, peidiwch â cheisio gwneud llythyren gyfan mewn un symudiad. Mae angen pedwar neu bum strôc ar rai llythrennau. Ceisiwch ddefnyddio brws pen fflat yn yr un ffordd.

A

ivan
paris

GH

Lluniwyd y cymeriadau doniol hyn yn gyfan gwbl o lythrennau a rhifau. Gwnewch gasgliad o lythrennau a dorrwyd o bapurau newyddion a chylchgronau. Edrychwch am lythrennau bras o benawdau a phosteri. Rhowch wahanol lythrennau at ei gilydd i wneud lluniau. Pan fyddwch yn fodlon ar y llun, gludiwch y llythrennau ar bapur neu gardbord. Neu fe allwch ddefnyddio lluniau llythrennau i addurno eich llyfrau nodiadau.

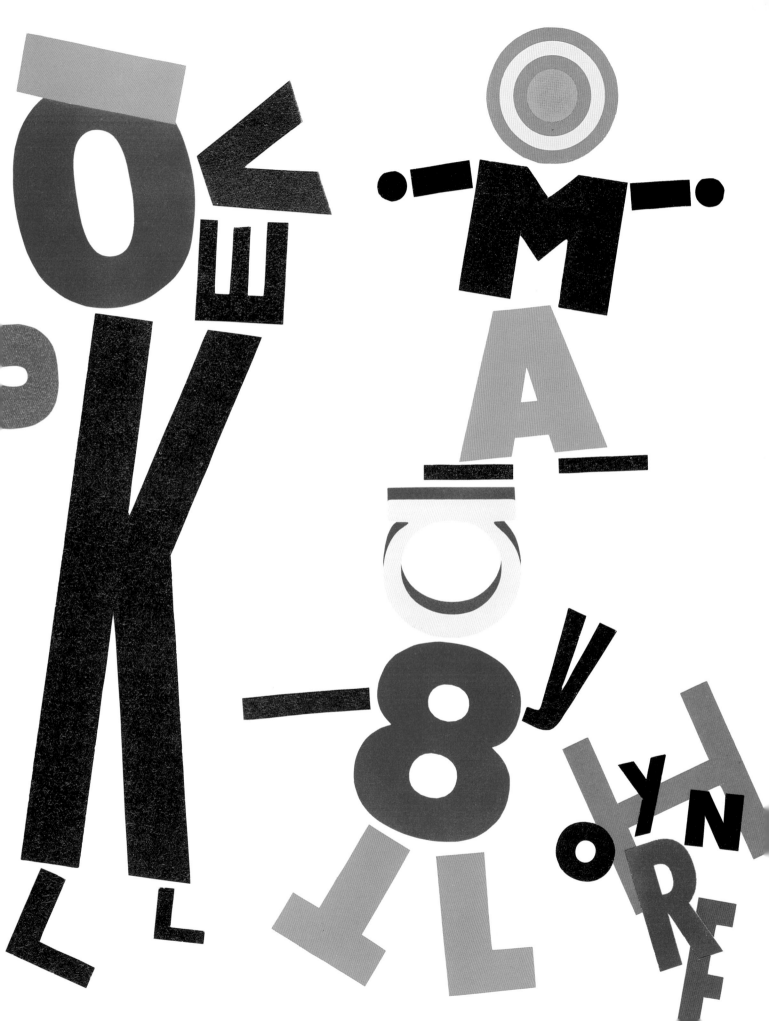

Dyma syniad ar gyfer addurno eich crysau-T a'ch capiau pêl-fas.

Torrwch lythrennau o ffelt lliwgar. Gallwch ludio'r llythrennau â glud ffabrig. Neu, os ydych yn dda am wnïo, gwnïwch nhw ag edau, gan ddefnyddio pwythau bras.

Ond cofiwch — cyn golchi'r crysau-T hyn, byddwch yn gorfod tynnu'r llythrennau i ffwrdd.

Gallwch beintio llythrennau ar grysau-T hefyd, gan ddefnyddio paent ffabrig neu beniau ffabrig.

Lluniau plant gan Fiona Pragoff